SÉBASTIEN DE NEUFVILLE

9 Juillet 1822 — 4 Octobre 1891

PARIS

GRASSART, LIBRAIRE-ÉDITEUR

2, RUE DE LA PAIX, 2

SÉBASTIEN DE NEUFVILLE

9 Juillet 1822 — 4 Octobre 1891

PAROLES

Prononcées aux obsèques de Sébastien de Neufville

Par MM. le pasteur P. GAUFRÈS

le pasteur G. APPIA

E. HEINEMANN, Instituteur

Le 6 Octobre 1891

PARIS

GRASSART, LIBRAIRE-ÉDITEUR

2, RUE DE LA PAIX, 2

ALLOCUTION

du pasteur P. GAUFRÈS, aux obsèques
de M. Sébastien de Neufville,

Prononcée le 6 octobre 1891, en sa maison de Courbevoie.

———

(Ps. I, 1-3.)

Frères et sœurs affligés,

Vous m'avez demandé, comme ami de M. de Neufville
autant que comme pasteur, de prononcer ici quelques
paroles. Ma première parole sera l'expression de notre
commune et vive sympathie. Vous êtes frappés rude-
ment, frappés à la tête : c'est votre mari, c'est votre père,
c'est votre chef que Dieu a jugé bon, dans sa volonté
mystérieuse, de vous reprendre. C'est la première fois
que le deuil vient s'asseoir à ce foyer, mais qu'il est
grand! il ne pouvait l'être davantage. — Et nous qui
avons connu, respecté, aimé M. de Neufville, nous sommes
atteints du même coup, nous avons notre part de votre
douleur. — Je puis ajouter, sans aller au delà de la
vérité, que votre perte sera ressentie par tout le protestantisme français; car, peu soucieux des différences
ecclésiastiques, notre vénéré frère témoignait, au con-
traire, un vif intérêt à nos œuvres générales, notamment
aux œuvres d'évangélisation, et contribuait généreusement à leur prospérité. Son nom est familier à tous ceux
qui, parmi nous, ont à cœur l'avancement du règne de
Dieu. — C'est une force qui nous est enlevée après tant

d'autres. Que notre père céleste veuille y suppléer en suscitant dans son Église de nouveaux et vaillants serviteurs de l'évangile!

Par une dispensation de la Providence, c'est dans cette ville où il séjournait, saison après saison, depuis quarante ans, dans cette demeure qu'il affectionnait particulièrement et où il était heureux de trouver le repos après le travail quotidien, c'est là qu'il a terminé sa laborieuse et belle carrière, là, entouré en ces derniers jours de tous les siens, de leur affection et de leurs soins dévoués, jouissant de cette réunion complète qui devait être pour lui la dernière ici-bas, et donnant sur son lit de souffrances l'exemple d'une force morale, d'une sérénité devant la mort qu'il voyait venir, d'une espérance en la vie éternelle, qui restent pour vous une prédication puissante et une précieuse consolation. Maintenant il est allé à Dieu, et c'est auprès de Lui qu'il vous attend, pour une réunion nouvelle, définitive et bienheureuse. Il n'est pas perdu, il vous a devancés.

Quand j'ai appris le dénouement fatal, trop prévu et redouté, quelques paroles de l'Écriture se sont aussitôt présentées à ma mémoire, qui m'ont paru s'appliquer avec une surprenante exactitude à la personne et à la vie de celui que vous pleurez. Écoutez-les :

« Heureux l'homme qui ne marche point suivant les
« conseils des méchants, et ne s'arrête point dans la voie
« des pécheurs, et ne s'assied point au banc des moqueurs,
« mais qui prend son plaisir en la loi de l'Éternel, tellement
« qu'il médite jour et nuit dans sa loi. Car il sera comme
« un arbre planté près des ruisseaux d'eaux courantes, qui
« rend son fruit dans sa saison et dont le feuillage ne se
« flétrit point; et ainsi tout ce qu'il entreprendra prospé-
« rera. » (Ps. I, 1-3.) — N'est-ce pas cela? Ah! vous pouvez dire à la gloire de Celui qui accomplit toutes choses en

tous, que M. de Neufville n'a point demandé ni écouté les conseils des méchants, qu'il ne s'est point complu dans leur chemin pour suivre leurs traces, et qu'il ne s'est point assis au banc de ceux qui se rient de la vérité de Dieu et des ordres de la conscience. Il prenait conseil de ce qu'il croyait être le devoir, et, une fois le devoir clairement aperçu, il y marchait avec décision, ne faisant point de place, dans cette voie sacrée, à la frivolité ou à l'ironie. Il allait droit devant lui avec autant d'énergie que de simplicité. C'était un homme fort : il portait dans un corps robuste une âme robuste ; il avait un vif sentiment de la dignité de cette âme dont il savait la divine origine et l'immortelle destinée, et il écartait d'instinct, comme de propos délibéré, tout ce qui aurait pu la rabaisser à ses propres yeux. Nous rendons hommage à ces hommes de caractère pour qui les principes moraux ne sont pas des opinions flottantes qu'un souffle transforme ou emporte, mais des règles saintes, absolues, auxquelles il s'agit de se soumettre et de se conformer loyalement. De tels hommes on peut les discuter et les combattre : ils en sont dignes (combien auxquels on ne fait pas le même honneur !) ; mais quand on les approche, on sent bien qu'il faut les respecter, et peut-être les admirer. En ces jours de mondanité et de défaillances, on salue avec joie ces natures fermes, saintement fières, qui ne pactisent pas avec les faiblesses du monde et qui savent, selon le mot de l'Écriture, « résister jusqu'au sang en combattant contre le péché. » M. de Neufville était un de ces hommes-là ; sans vanité, sans phrases, il se tenait loin du mal, conformément aux ordres d'une conscience éclairée qu'il écoutait par respect de lui-même et par respect de Dieu. Cela vaut la peine d'être noté.

Ce qu'il faut noter aussi, et qui expliquait la dignité

morale de notre vénéré frère, c'est son ardent amour pour la Parole de Dieu. Cette parole était sa nourriture spirituelle; il la lisait en famille, il la lisait en particulier, il la méditait, s'en faisait une application personnelle constante, lui demandait des lumières pour sa conscience, de la paix pour son cœur, de la soumission aux heures difficiles, de la force pour l'accomplissement de sa tâche, et il y trouvait les promesses qui faisaient sa joie et le fondement de ses meilleures espérances. A cet égard il était bien le fils authentique de cette famille de huguenots, ses ancêtres, de ces de Neufville que la persécution avait chassés de France au xvie siècle, et qui avaient cherché un refuge dans les Pays-Bas, en Angleterre, à Francfort, d'où notre frère nous était revenu. La Bible, c'était sa loi, non une loi dure, oppressive, une chaîne de servitude, mais une loi qu'il acceptait, qu'il aimait, en laquelle il prenait son plaisir; une loi de miséricorde, d'abord, dans laquelle il avait trouvé, avec le Christ, le pardon, le salut de son âme; une loi morale ensuite, qui servait de direction à sa conscience et de règle à sa vie. Nul trésor n'avait plus de prix à ses yeux que ce trésor divin, et comme il y puisait lui-même de grands biens spirituels, il aurait voulu le faire connaître au monde entier. C'est ainsi qu'il avait fait tirer pour son compte une importante édition de nos Saints Livres et qu'il l'avait distribuée gratuitement. L'asile Lambrechts auquel il s'était toujours vivement intéressé a participé largement à cette libéralité, dont je lui demeure reconnaissant. Ah! il savait bien que c'est la Parole de Dieu, lue, méditée et pratiquée, qui fait les vrais protestants; qu'elle est la seule raison d'être du protestantisme, la seule source d'une foi personnelle éclairée et vivante. Nous le savons aussi, il faut nous en souvenir.

Ce qui frappait, ce qui étonnait dans la foi de ce chrétien, c'était son caractère de simplicité; je ne sais si elle avait jamais été effleurée par les objections et le doute : elle paraissait entière, ferme, inébranlable comme le roc. M. de Neufville acceptait avec une confiance d'enfant toutes les déclarations, toutes les promesses de l'Évangile; il était notamment convaincu qu'on ne peut être un croyant fidèle, sans recevoir de Dieu, non seulement des grâces spirituelles, mais aussi des faveurs temporelles, c'est-à-dire sans être heureux en ce monde et sans avoir la certitude d'un bonheur éternel. En ce qui le concerne, l'événement a justifié sa conviction. Oui, il a été heureux (il le proclamait lui-même avec gratitude); heureux dans sa famille si nombreuse et que Dieu a si merveilleusement épargnée; heureux dans son propre cœur par toute l'affection dont il était entouré, mais surtout par les bénédictions spirituelles que Dieu répandait sur lui et qui lui étaient un gage des biens qu'il espérait dans un monde meilleur. Il a bien été, suivant la poétique expression du Psalmiste, « cet arbre planté près des ruisseaux d'eaux courantes, qui porte son fruit en sa saison et dont le feuillage ne se flétrit point »; il a vu s'accomplir en lui et dans sa vie la promesse en laquelle il croyait. « Heureux..... qui ne s'arrête point dans la voie des pécheurs....., qui prend son plaisir en la loi de l'Éternel....., tout ce qu'il entreprendra prospérera. »

Mais ce bonheur, il l'a cherché et trouvé au prix de beaucoup d'énergie, d'efforts, de travail, il faut ajouter de beaucoup de vigilance et de prières, c'est-à-dire encore de travail. Son activité était intense et incessante; il avait horreur de l'oisiveté, il lui fallait le mouvement jusque dans ses jours de repos. Mais ce qui mérite d'être relevé dans cette activité vraiment extraordinaire c'est qu'au milieu des affaires les plus importantes et les plus absorbantes, **M.** de Neufville n'oubliait pas qu'il était serviteur de Dieu; la pensée de Dieu le suivait dans son travail quotidien; et, de plus, à cette pensée il trouvait le moyen de consacrer une bonne part de son temps et de ses forces; ses œuvres dont on parlera sans doute ailleurs, en sont la preuve notoire. Noble ambition, mes frères, que celle de faire honneur à sa profession, et en même temps de remplir avec fidélité son devoir envers sa famille et son devoir envers son Dieu. Combien qui se laissent dominer par les exigences de leur position, et qui négligent des obligations plus hautes et plus sacrées! Il faut y prendre garde : si l'homme vit de pain, il vit aussi de toute parole de Dieu, c'est-à-dire de foi, de justice, de charité, d'espérance; et c'est être mal avisé, commettre une imprudence grave, ou plutôt une infidélité que d'oublier les soins de l'âme et le service de Dieu, sous prétexte de satisfaire aux devoirs et aux besoins de l'existence présente.

Je n'ajoute qu'un mot, M. de Neufville, cet homme d'affaires si laborieux et si vaillant, cet homme si simple, si austère, si dur à lui-même, ce père de famille si sérieusement attaché à ses devoirs et à ses affections domestiques, ce chrétien si plein de zèle et dont la foi était si ferme, M. de Neufville aimait la nature, il aimait la mer, la montagne, les arbres, les fleurs, la lumière, il aimait la musique; goûts de jeunesse qu'il avait toujours cultivés, qu'il a manifestés jusqu'en ces derniers jours et qui ont été une des douceurs de sa vie. — Maintenant il contemple des régions plus belles, plus sereines que les plus beaux paysages, une lumière plus brillante et plus pure que celle du soleil, et il entend une harmonie plus sublime que les plus sublimes harmonies d'ici-bas.

Il a en partage les nouveaux cieux et la nouvelle terre où la justice habite, la présence et la communion de son

Dieu-Sauveur, la société des élus, les joies et les gloires de l'immortalité. C'est là, frères et sœurs affligés, votre meilleure consolation. — Au reste celui qui est parti d'au milieu de vous demeurera vivant parmi vous, dans vos esprits et dans vos cœurs ; et l'exemple qu'il vous laisse, exemple de travail, de foi, de fidélité au devoir et à Dieu vous sera toujours une direction et une force. A marcher sur ses traces, vous rencontrerez les mêmes bénédictions.

Ne laissons pas non plus, mes frères, se perdre pour nous la leçon que Dieu nous adresse aujourd'hui. Le temps va vite et nous emporte avec lui ; travaillons pendant qu'il est jour, la nuit vient dans laquelle on ne peut rien faire ; travaillons, non seulement pour la nourriture qui périt, mais pour celle qui demeure jusqu'à la vie éternelle et que le fils de l'homme nous donnera, afin qu'un jour nous entendions de la bouche du Sauveur cette parole d'approbation : « Cela va bien, bon et fidèle serviteur, tu as été fidèle en peu de choses, je t'établirai sur beaucoup ; entre dans la joie de ton Seigneur. » Amen.

SERVICE

Présidé par M. le pasteur G. Appia, à la Chapelle de l'Asile Lambrechts, pour les obsèques de M. Sébastien de Neufville,

Le 6 octobre 1891.

PRIÈRE :

O Dieu tout-puissant, Ancien des jours, qui es le maître absolu de notre vie et qui seras notre juge à la fin de notre pèlerinage terrestre, nous t'invoquons auprès de ce cercueil avec une confiance entière. Tu as voulu que ton Fils bien-aimé mourût pour nos offenses et ressuscitât pour notre justification. Ressuscite-nous, par la foi en Lui, du tombeau du péché, de l'incrédulité et de l'indifférence, afin que désormais nous vivions de la vie de la justice. Accompagne-nous durant nos dernières années ou nos derniers jours, accompagne-nous comme un père par ta grâce qui est meilleure que la vie. Donne-nous la connaissance de ta volonté et avec elle un cœur honnête et bon pour y obéir. Applique à notre âme la Rédemption que tu nous certifies en Jésus-Christ, comme nous espérons que tu l'as appliquée à l'âme de notre bien-aimé frère défunt. Garde dans ton amour et dans ta crainte, les membres de sa famille, afin qu'ils soient un jour réunis dans le ciel, console par ta grâce la veuve de notre frère; garde-nous et nous bénis, ô notre père, par la grâce de ton fils notre Sauveur et par la consolation et les lumières de ton Saint-Esprit. Amen.

ALLOCUTION

Psaume xxiii, 1 à 4. L'Éternel est
mon Berger, je n'aurai point de
disette... etc.
Hébreux. xi, 1-6, 8-10, 13.
II, *Timothée*, i, 2 à 5.

Bien-aimés en Jésus-Christ,

En montant dans cette chaire, pour vous offrir à cette heure les consolations et les leçons de la foi, une double crainte me saisit.

Je ne voudrais pas, en vous parlant trop peu de notre frère et père défunt, perdre quelqu'une des leçons que doivent vous donner, à vous comme à moi, les souvenirs de sa vie et les scènes de sa mort. Et d'autre part je craindrais plus encore, qu'en parlant de celui qui vient de nous quitter, je ne sache pas rester dans les bornes de la stricte vérité et de la sincérité entière, sans laquelle la parole du pasteur et du chrétien perd son autorité devant les hommes et tout droit devant Dieu.

Demandez avec moi, qu'en relevant avec reconnaissance, au nom de la famille, de l'amitié, et de l'Église, quelques-unes des bénédictions dont notre frère a été l'occasion inconsciente et le plus souvent l'agent réfléchi et volontaire, je sois tenu dans les limites de la prudence chrétienne et de la vérité.

Vous sentez avec moi que l'acte qui nous réunit a un caractère bien exceptionnel. Il n'est pas fréquent de nos jours, de voir associés dans une même vie et dans une individualité unique l'énergie naturelle de l'action, ne se démentant pas jusqu'au dernier souffle de vie, la foi chrétienne de l'enfant, la tendresse de cœur pour les membres de la famille et une habileté consommée dans les affaires. Il est rare de pouvoir contempler, la veille de sa mort, comme le faisait notre frère samedi dernier, de son lit de maladie, ses quatorze enfants, réunis au brillant soleil d'automne, tous en pleine prospérité, tous vivants, sans que durant une longue vie, leur père ait été presque affligé par un seul deuil, excepté par la mort d'un cher seizième petit-fils âgé de cinq ans et d'un autre qui avait à peine vécu quelques heures. Il est rare de pouvoir conserver ses facultés intellectuelles jusqu'à la dernière heure, et avec elles assez de force de volonté, pour s'occuper de tout l'avenir de sa maison et pour apposer à son lit de mort, sa signature à ses dernières volontés bien détaillées, clairement raisonnées et pourvoyant à l'avenir de chacun des siens. Il vaut la peine de rechercher d'où sont venues à notre frère, et cette force et les bénédictions extérieures qui ont accompagné sa carrière; il y avait quelque chose d'antique dans son être et dans ses points de vue; réunissant, comme les enfants de l'ancienne alliance, dans une même intense préoccupation et presque dans un même calcul, les intérêts de l'Évangile, ceux de sa famille et de ses travaux professionels, il était tout ensemble le fils de ses traditions, de son éducation et de ses principes.

M. Fr., l'apôtre saint Paul a dit que c'est de Dieu le Père, que tout ce qui s'appelle famille et enfants, tire son vrai nom (Eph., III, 15), il est donc conforme à l'Esprit de l'Évangile que nous nous arrétions aux leçons que nous donne la famille et surtout la famille chrétienne.

En face de la mort, devant une existence qui vient de se clore, au moment solennel où l'un de nos semblables

vient de recevoir ce coup de la mort, que l'Ecriture
appelle le salaire du péché (Rom., VI, 23), il ne serait pas
convenable de relever ce qui n'appartient qu'à la terre;
mais, quand Dieu nous donne l'occasion de toucher du doigt
les bénédictions qu'il a rattachées à la foi personnelle, à
la profession fidèle et suivie de cette foi et à l'obéissance
aux préceptes de sa loi à travers plusieurs générations,
il y a une réelle utilité à constater les preuves de la fidélité de Dieu et l'immuable certitude de ses promesses,
comme nous le faisons à cette heure. Cela est utile pour
nous tous, qui entourons nos parents et amis d'une sincère
sympathie; cela est utile à vous, enfants de notre regretté
ami et frère, puisque devant un passé qui se clôt, il est
important et salutaire que chacun ressaisisse, sans en
perdre aucune, les semences fécondes qu'a préparées ce
passé, pour les semer dans les sillons de l'avenir.

La prospérité exceptionnelle dont a joui notre frère
défunt et dont sa nombreuse descendance va, nous l'espérons, recueillir l'héritage, était une bénédiction d'origine
bien ancienne et avait été accordée dès longtemps à ces
principes éternellement vrais, à la foi pratique, accompa-
gnée de sacrifices, dont ses aïeux lui avaient légué la tra-
dition. C'est là ce que remarquait, sur la tombe de l'un de
ses parents, de M. de Neufville van den Velden, il y a
environ cinquante ans, mon bienheureux père, au moment
où il lui rendait les derniers devoirs. Ne vous étonnez pas,
M. Fr., si j'évoque ici d'anciens souvenirs d'enfance et si
je rappelle en particulier le nom de cette mère des pauvres, de cette « Dorcas » de l'Eglise française de Francfort s. M., Mme de Neufville Mertens. C'est sur la tombe
de son fils que mon père disait en 1843 : « Le défunt n'a
« pas oublié que ses ancêtres avaient combattu et souffert
« pour la foi évangélique, que son respectable père avait

« maintenu cet héritage dans son cœur, avec le désir qu'il
« fût transmis à sa famille. Montrons-nous fidèle à cette
« vocation glorieuse et sainte que Dieu nous a adressée... A
« vues humaines vous direz qu'il était encore nécessaire... à
« beaucoup de personnes, dont il était au besoin le con-
« seiller et l'appui, à ses concitoyens, surtout aux pauvres ;
« héritier et imitateur, comme il était en cela, des exem-
« ples de ses pères... S. Paul demandait que tous ses frères
« en Jésus-Christ fussent éclairés par le Saint-Esprit ; il
« voyait, par la foi, Jésus-Christ vainqueur de la mort, res-
« suscité et assis à la droite de la puissance de Dieu dans
« les lieux célestes. Dieu soit béni ! nous avons lieu de croire
« que tels ont été les sentiments de notre défunt ami et
« frère,... le nom de N. S. J.-C. est venu, même pendant
« le délire de sa fièvre, se placer naturellement sur ses
« lèvres ! »

La foi est une expérience individuelle et personne ne
sera sauvé par la piété ou par la foi de ses pères ; mais
notre frère et ami a eu le privilège de rattacher ses principes chrétiens à ceux des générations précédentes de sa
famille, pour former avec elles une seule chaîne.

Son ancêtre Robert de Neufville, obligé de quitter la
province de l'Artois, où il avait embrassé les principes
de la foi réformée, se dirigea en 1545 vers la cité d'Anvers,
que vivifiait, à cette époque, un grand souffle de liberté
et de foi. A peine son fils Sébastien y était-il né, qu'il
était obligé de fuir la persécution, déchaînée sur les
Pays-Bas par les édits terribles de Charles V, et d'aller
chercher un asile dans les États d'Édouard VI, qui avait
embrassé la Réforme et accordait aux proscrits une bien-
faisante hospitalité et sa royale protection. Mais l'avène-
ment de Marie la Sanguinaire, en 1553, chassait bientôt
Robert de Neufville et sa nombreuse famille, des côtes

de l'Angleterre, devenues à leur tour le théâtre de la persécution. Embarqué avec 176 coreligionnaires au port de Gravesend, il se dirigea vers le Danemark, qui lui refusa un asile, parce qu'il appartenait à une autre dénomination religieuse; chassés de Rostock, de Wismar, de Hambourg, en plein hiver, reçus enfin après tant de vicissitudes et de souffrances en 1554 dans la ville d'Emden, les pauvres réfugiés pouvaient bien s'approprier les paroles du Réformateur polonais, jadis élu évêque de Cujavien, Jean de Lasco, qui conduisait, à travers les mers, la future église wallonne et française de Francfort s. M. à son refuge définitif :

« Par la grâce de Dieu, j'ai tout abandonné, *j'ai quitté* « *ma patrie et mes amis, parce que je ne pouvais vivre* « *dans leur société, comme serviteur du Christ*; maintenant, je veux être sur la terre étrangère, le pauvre « serviteur de mon pauvre Seigneur Jésus-Christ crucifié. »

Enfin, en 1580, Sébastien de Neufville était reçu bourgeois de la ville libre de Francfort et si vous cherchiez sa tombe, dans le cimetière de Saint-Pierre, vous y liriez cette épitaphe : Romains, V, 1. « Justificati igitur ex fide pacem habemus apud Deum per Dominum Nostrum Jesum Christum. Hic jacet Sebastianus de Neufville qui III die Martii 1604 pie in Christo abdormivit. Hic quoque jacet Anna Cock, dilectissima ejus conjux quæ pie in Christo abdormivit 25 maji 1615. »

C'est le regard fixé sur ces exemples de fidélité donnés par ses ancêtres, que trois cents ans plus tard, le 26 juillet 1880, représentant de la branche française de la famille de Neufville, notre frère et ami défunt, s'adressant à la nombreuse descendance du premier Sébastien de Neufville et d'Anna de Cock, qui s'était réunie à Francfort, pour célébrer le souvenir trois fois séculaire de son établissement dans la ville libre de Francfort, s'exprimait dans les termes suivants : « Jetant les yeux en arrière sur ceux qui nous ont devancés, j'espère que la jeune génération tiendra à honneur de pratiquer les mêmes principes de charité et de foi qui ont été leur ornement... Ils avaient rempli un grand devoir en quittant patrie, propriété et titres de noblesse pour servir Dieu selon leur foi... Rentré dans le pays de nos ancêtres et chef d'une nombreuse famille, je serais très heureux de vous convier dans quelques années, à fêter un demi-centenaire de notre heureux retour sur cette belle terre de France, qui a été la gloire de nos aïeux et où nous jouissons aujourd'hui, par la bonté de Dieu, d'une pleine liberté et d'une grande prospérité. »

« Au jour du bien use du bien, au jour du mal, prends-y garde ! » a dit le roi Salomon ; c'est cette attention sérieuse donnée aux choses de Dieu qui doit être le fruit des longues heures de silence et de méditation, que le deuil impose forcément à la veuve et aux orphelins, aux parents et aux enfants, à l'heure de leur épreuve ; c'est ce recueillement et cette attention à la voix de Dieu, qui fait de jours tels que ceux-ci une époque si décisive dans la vie d'une famille tout entière.

Car le souvenir de la foi, de la fermeté chrétienne d'un père, peut devenir pour tous ses enfants, et même pour ses descendants, un préservatif efficace, une puissance de sagesse, de force, un appel à la vigilance et à une joyeuse consécration.

Nous nous garderons, en face de ce nouveau témoignage de notre fragilité et de la misère humaine, d'exalter l'homme ou de céder en quoi que ce soit à un sentiment de vanité, aussi déplacé que coupable et stérile ; mais nous ne voulons pas laisser échapper les exemples que Dieu nous donne.

Comment ne pas être frappé de l'indomptable énergie qu'a montrée ce père si affectueux, qui après des mois d'inanition, au moins partielle, se rendait encore à son bureau huit jours avant de mourir, et qui à peine une heure avant de rendre le dernier soupir, habitué, et par devoir, et par instinct naturel, et par force acquise de caractère, à prendre de rapides décisions et à les imposer à ceux qu'il avait charge de diriger, nous commandait encore, répétant de sa voix mourante, pour que les mouvements eussent de l'ensemble : tirez mes bras : un, deux, trois ! tant l'exercice de la volonté et la responsabilité du commandement formaient chez lui une partie du sentiment du devoir, tout en étant devenus des éléments de sa nature.

En voyant s'éteindre cette forte individualité, qui a fermement voulu jusqu'à la fin ; la voyant en même temps rendre le dernier soupir sans agonie et en paix, et faire pour ainsi dire le dernier acte de volonté, nous nous disions que cette force avait pu être souvent chez notre bienheureux frère trop absolue et quelquefois excessive, mais que le maintien de cette force à travers tout, est un exemple utile à contempler et le secret de bien des réussites et même de bien des victoires morales.

Samedi, avant la crise qui l'alita, je lui répétais une parole de son concitoyen, le docteur Passavant : « A la première apparition de la volonté consciente l'homme semble dire : C'est *moi* qui veux ; nous dirons que c'est là encore le caprice ; plus tard, au second pas, l'homme dira : je *veux*, c'est l'énergie ; mais le troisième pas est celui qu'apprend le chrétien et qui dit : *Je veux la volonté de Dieu !* »

Un trait que je relève à dessein dans notre société aux habitudes relâchées et aux mœurs faciles, c'est la pureté de la vie. Je regardais au pied du lit où notre frère rendait le dernier soupir, dans un petit groupe de famille, la figure honnête et calme de son père, M. de Neufville-Humser, et debout près de lui, celle de son jeune fils Sébastien, si pure, si limpide, si droite et je ne m'étonnais pas que, jusqu'au dernier moment, ceux qui l'approchaient aient été impressionnés de l'absence de toute familiarité et de tout ce qui aurait pu approcher d'un manque de délicatesse; car, s'il détestait jusqu'à l'excès tout ce qui n'était que pure convention sociale, il affectionnait en revanche tout ce qui trempe la volonté, discipline le corps et le rend dispos au travail.

Pourquoi ne relèverais-je pas ici ses habitudes matinales? A une époque où tout se fait tardivement et se renvoie facilement d'un jour à l'autre, l'emploi constant de la volonté et, sans doute aussi, le sentiment du devoir l'avaient habitué à ne rien renvoyer, et surtout à commencer sa journée de très bonne heure; en sorte que, même à l'époque où la maladie l'avait déjà étonnamment émacié et affaibli, vous l'auriez vu descendre, dès cinq heures et demie du matin, dans sa cour, pour y contrôler ce qui s'y passait et présider, aussi longtemps qu'il en fut capable, par la lecture de la Bible et la prière, au premier repas de famille.

Un des principes absolus qu'il avait hérité de ses pères et qu'il observait avec une scrupuleuse fidélité, était la sanctification du dimanche. « Jamais, me disait-il un jour, jamais je n'ai ouvert, le jour du dimanche, une seule lettre d'affaires »; il avait de cette façon, un jour entier à donner à son Dieu, à son âme et à sa famille, qui en a largement bénéficié.

Mais, M. Fr., n'est-ce pas trop m'attarder à relever des traits de détails dans cette vie? Ce qui mérite avant tout de fixer notre attention, c'est l'œuvre de Dieu dans un cœur d'homme, c'est la foi, et notre frère a été un homme de foi.

Comment les principes généraux de piété qu'il apportait avec lui dans la vie, comme héritage de famille, sont-ils devenus une propriété personnelle, par une expérience intime de la conversion ? Il ne me l'a jamais dit ; mais son séjour en Angleterre avait dû l'impressionner favorablement au point de vue religieux, avant son arrivée à Paris.

La foi chrétienne réunit, l'incrédulité disperse et isole ; et malgré l'absolutisme de volonté que nous relevions et qui a souvent éloigné de lui des hommes qui ne le connaissaient pas assez, ou qui étaient atteints par ses décisions rapides, en regardant en arrière, nous pouvons constater que notre regretté frère a été un de ceux qui ont eu le privilège, « pour parler avec l'Écriture sainte », *de recueillir* et *non de disperser*.

Ses relations avec M. Auguste Bernus, auquel il succéda après que le choléra l'eut enlevé, en 1849, à l'affection des siens, devaient le rapprocher de beaucoup de frères chrétiens, que groupait à cette époque la chapelle Taitbout ; c'est sans doute cette communauté de principes qui le fit entrer en rapport plus direct avec la famille de son beau-père, M. Henri Develay, et avec sa belle-mère qu'il a entourée jusqu'à sa fin de tant d'égards et d'affection filiale ; chrétiens éprouvés l'un et l'autre par la souffrance de toute la vie, qui semblaient, plus que d'autres, avoir fait profession d'êtres étrangers et voyageurs sur la terre, et de chercher cette patrie céleste, dont son beau-père, l'homme de foi par excellence, que mon père appelait « le Croyant », disait au jour ou plutôt la nuit où le choléra le saisit, après qu'il eut dîné en famille :

« *Je suis prêt,... je suis parfaitement heureux!* » C'est l'attrait de la piété qui l'avait amené dans ce foyer sérieux et modeste, où Dieu lui fit rencontrer une compagne qui l'a enrichi de cette belle et prospère couronne d'enfants et sur laquelle nous implorons aujourd'hui les meilleures consolations de notre Père céleste et la bénédiction que lui laissent ceux qui l'ont devancée.

La foi réunit et la charité édifie. Qu'est-ce qui avait décidé M. de Neufville à choisir, pour s'y établir, le lieu où nous sommes assemblés aujourd'hui, cette demeure où il est revenu terminer sa carrière et à laquelle le souvenir de ses derniers moments va prêter, pour ses enfants et ses amis, un intérêt et un attrait nouveau et assez inattendu? C'était la pensée de se rapprocher de ses coreligionnaires, d'être à portée des chrétiens qu'il estimait et aimait, tels que MM. Vallette, Gauthey, Gaudard, Zipperlen et son successeur M. Gaufrès.

N'est-ce pas là aussi ce qui l'attirait à Beuzeval en Normandie, où il aimait à contempler la belle et libre nature, où il avait construit un si grand nombre de maisons, mais où, avant tout, il était parvenu à créer un centre protestant auquel son nom restera attaché?

Il aimait à faire partie de nos sociétés religieuses; il en acceptait les responsabilités, tout en se réservant la plus absolue indépendance dans l'application de ses dons. Là aussi il montrait que si sa volonté décidée pouvait intimider et même repousser quelques-uns, au fond du cœur il avait la bienveillance et ce besoin d'affection, qui s'est manifesté si constamment dans sa dernière maladie.

Et pourquoi ne dirais-je pas ici un mot de remercîments, en ma qualité de pasteur, et en quelque mesure au nom de mes collègues? Quoique très laïque et fort peu disposé à se faire entendre en public, surtout à usurper aucune fonction pastorale, il aimait à nous voir, à nous offrir l'hospitalité, à attirer à lui ceux qui partageaient ses intérêts, pour s'en entretenir avec eux, comme il m'y engageait par sa dernière lettre, écrite quelques jours avant sa mort; il a voulu en parler encore vendredi, tandis que l'un des pasteurs de la famille Monod était venu le visiter.

Et cependant, vous le savez, vous qui l'avez entouré pendant ses derniers moments, ce n'est point ce qu'il avait pu faire ou donner, qui occupait sa pensée; et ce n'est pas dans ses œuvres qu'il cherchait un appui, mais dans la prière et dans la parole de Dieu.

Non, ce n'est pas lui qui nous rappelait, que pendant bien des années encore, les enfants de nos écoles du dimanche lui devront la belle Bible si maniable et bien imprimée, dont il a fait les frais, et dont peut-être cinquante mille exemplaires ont été répandus; ce n'est pas lui qui rappelait que lorsque l'une de nos églises fut ébranlée par la suppression des subsides du Conseil municipal, il lui vint en aide par une souscription, non de 2, de 3 ou de 4 chiffres; ce n'est pas lui qui nous rappelait que, fidèle au principe de l'école unie à l'église, il subventionnait quelques-uns de nos établissements scolaires, et qu'il avait fondé dans Courbevoie une école évangélique de garçons; qu'ami spécial de l'évangélisation populaire entreprise par notre vénéré frère M. Mac All, il lui aidait généreusement pour l'entretien du chant sacré, de ce chant des cantiques dont il jouissait jusque sur son lit de mort, se faisant répéter celui de Luther et d'autres cantiques de foi et de grâce.

Non, ce dont il s'humiliait, c'est que la faiblesse de son corps l'absorbât si fortement, qu'il ne pût pas élever plus constamment son âme à Dieu : « Que Dieu me le pardonne! » nous disait-il dans l'une de nos dernières visites. Pour vaincre toute révolte et pouvoir jusqu'au bout souffrir sans se plaindre, il avait recours à la prière. « Je regrette, répétait-il, que les souffrances de mon pauvre corps m'empêchent de m'élever plus souvent à Christ. » Habitué à ne pas se laisser imposer par d'autres un acte de dévotion, lorsqu'on lui proposa pendant l'une de ses dernières nuits de demander au pasteur et ami une prière, il répondit : « D'abord lire la Bible. — Que voulez-vous que nous lisions? le Psaume 23? — Non, des paroles du Sauveur. » Nous lui lûmes des portions de Jean, X, et de Jean, XIV; au besoin, il indiquait lui-même avec une remarquable précision et mémoire, tel ou tel passage de l'Écriture qu'il avait si constamment lue et dont il signalait les versets à ses enfants.

En entourant le lit de mort de notre frère et remettant, par la prière, son âme à Dieu, nous sentions bien et vous sentez avec nous, je m'en assure, que la foi est une réalité, qu'elle n'est pas seulement un acte du cœur humain, mais un témoignage de Dieu, comme le dit l'auteur sacré : « C'est par elle que les anciens ont obtenu un bon témoignage! »

Puissiez-vous tous en recueillir l'assurance décisive, vous les enfants de notre frère qui l'avez entouré de votre affection et de vos respects. Sur la tombe de ce père aimé et vénéré, puissiez-vous tous prendre tout à nouveau la résolution de servir le Dieu de vos pères, afin que pour vous se réalise un jour dans le ciel la parole du prophète (Esaïe, VIII) : « Me voici moi et les enfants que tu m'as donnés. » La foi est dans un rapport intime avec la volonté et si d'une part elle est un don de Dieu, de l'autre c'est un acquiescement de tout l'être et un acte de la volonté humiliée et docile, acte que facilitent, ce me semble, des émotions aussi profondes que celles de ce jour.

Puissiez-vous recevoir aujourd'hui aussi une bénédiction durable et éternelle, vous les représentants des
sociétés financières et commerciales auxquelles notre
frère appartenait et que nous remercions d'être venus lui
témoigner ici votre respect et vos regrets.

Puissiez-vous sentir aujourd'hui avec nous, qu'il y aura
bientôt pour nous tous, pour le riche comme pour le
pauvre, pour le maître comme pour le serviteur, une
revue plus importante, plus décisive que celle des comptes
et des affaires, revue dernière où ceux-là seuls pourront
subsister devant le Souverain juge, qui auront été par-
donnés par Jésus-Christ à cause de leur foi en Celui
qui a payé nos dettes et qui auront honoré leur foi par
leur vie.

Nous vous remercions, vous les nombreux amis qui
êtes venus entourer de votre sympathie la famille affligée,
vous les serviteurs qui avez partagé sincèrement notre
deuil, vous les sœurs diaconesses qui avez donné à notre
frère et père des soins si intelligents et affectueux.

Et maintenant puissions-nous tous profiter des leçons
que nous donne la mort chrétienne de celui qui nous a
quittés, nous rappeler le sérieux de la vie, sa brièveté,
son importance, saisir avec décision les réalités de la
foi et nous assurer que par elle nous avons la ferme et
légitime espérance de nous retrouver un jour dans les
demeures éternelles, près de ceux qui nous y ont devancés, après avoir fidèlement confessé leur foi et servi leur
Dieu. Amen.

DERNIER ADIEU

Prononcé sur la tombe de M. Sébastien de Neufville,

Par M. Eugène HEINEMANN, instituteur,
Le 6 octobre 1891.

———

Je viens, au nom des 1500 enfants de Courbevoie à qui M. de Neufville a fait donner l'instruction et une éducation chrétienne durant les 37 dernières années, je viens, en leur nom et au mien, déposer sur ce cercueil l'hommage de notre profonde reconnaissance et assurer les membres de sa famille de toutes nos sympathies.

Adieu, cher monsieur de Neufville, à Dieu dans le sens primitif de ce mot, au revoir dans le sein du Père.

COULOMMIERS. — Imp. P. BRODARD.

COULOMMIERS. — IMPRIMERIE PAUL BRODARD.